ADEILSON SALLES
ANDRÉ TRIGUEIRO

ILUSTRAÇÕES
RUI JOAZEIRO

infinda

CATANDUVA, SP • 2023

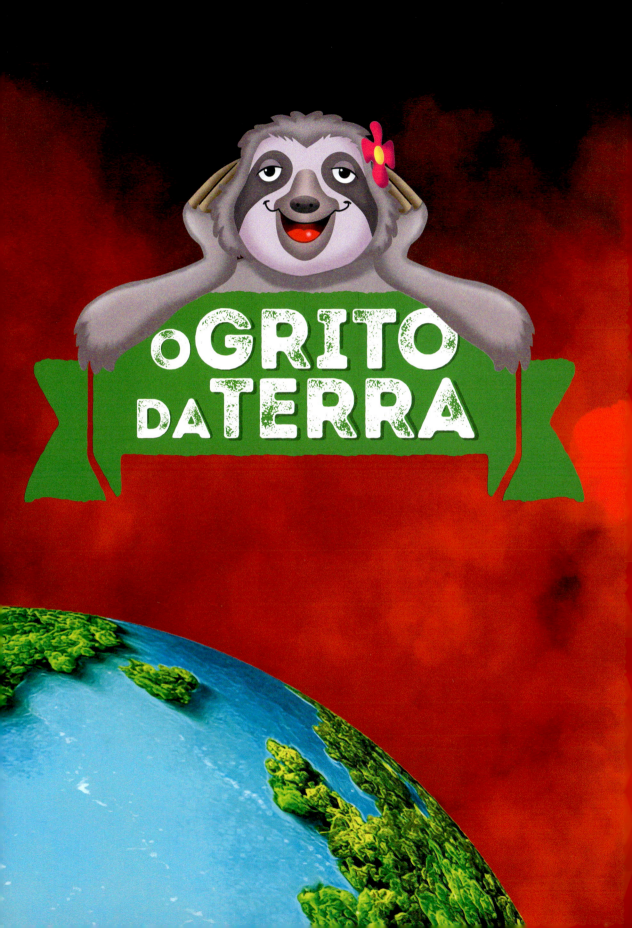

DENIS TINHA CHEGADO do *shopping* e estava sentado na cama rasgando desesperadamente o papel que embrulhava o seu novo, hiper-, mega-, supercelular.

A casa dele tinha um pavimento superior onde ficava seu quarto. Assim que ele entrou, subiu os degraus de dois a dois e, de salto em salto, abriu a porta do quarto para ver aquela maravilha da tecnologia.

Já começava a imaginar os olhos arregalados da turma da escola.

Sem contar os jogos eletrônicos que aquela baita memória poderia armazenar.

E as fotos?

E os vídeos que poderia postar em seu canal?

NERVOSAMENTE LIGOU o aparelho que, por ser de alta tecnologia, não demorou nadinha para abrir a tela.

— Uau! Vou colocar minha senha e ativar os aplicativos.

Os dedos do menino eram muito rápidos.

— Pronto! Vou fazer uma *selfie* e postar no grupo dos amigos da escola.

Então Denis ajeita o cabelo e estica o braço, buscando a melhor posição.

Dá aquele sorriso tecnológico e bate três fotos.

— Maravilha! Agora vou ver como ficou minha foto com essa câmera superpoderosa.

O visor do celular escurece, e Denis toca na tela, indo ver as fotos na galeria.

COM UM SORRISO VITORIOSO

no olhar, ele abre a tela e dá um grito:

— Aiiiiii! O que é isso? Que criatura é essa na minha *selfie*?

Nesse momento, ele se dá conta de que a criatura que aparecia na foto estava atrás dele.

O coração do garoto dispara, e ele prende a respiração.

Agora a sensação era nítida: alguém estava ali no quarto com ele e era um ser estranho.

Denis fecha os olhos e toma coragem para se virar.

Imaginava que seria perigoso gritar, então decidiu enfrentar aquele momento delicado.

LENTAMENTE ELE VAI SE VIRANDO e leva um susto, gritando novamente. O visitante indesejado também grita. Denis se joga no chão de um lado da cama, e o ser indesejado se atira do outro lado. Silêncio...

Depois de alguns minutos, o menino vai erguendo a cabeça para olhar por cima da cama, mas o mesmo acontece com o outro personagem.

Os olhares se encontram. Denis toma coragem e pergunta:
— Quem é você? Que tipo de ser é você? Entende minha língua? Veio de que planeta?
Suspense...
— Eu não vim de outro planeta, menino. Vim da floresta aqui do lado. Meu nome é Marcia Lenta.

— **Nossa! Que** nome engraçado!
— E o seu nome, qual é?
— Denis.
Marcia Lenta pareceu sorrir ao ouvir o nome do garoto.

— Você é tão peluda, né? E só tem três dedos? Que engraçado! Agora me lembro. Você é um bicho-preguiça? Vi alguns parentes seus no zoológico da cidade - disse Denis, sorrindo.
— Qual a graça, menino? Cada um do seu jeito, né?
— Como você veio parar aqui no meu quarto?
— É uma história triste.
— Mas gostaria de ouvir. Pode contar?
— Está certo. Bem, nós, as preguiças, só descemos das nossas árvores uma vez por semana, para ir ao banheiro.

— **P**REGUIÇA NO banheiro, que é isso, Marcia Lenta?
— Eu explico, menino. Calma, para que pressa?
E, levantando a garra, ela dá uma coçadinha na cabeça.
— Nós, as preguiças, vamos ao banheiro uma vez por semana para fazer as nossas necessidades. Nosso banheiro é no chão da floresta, na base da árvore em que moramos. Então, nesse dia, eu desci para fazer minhas coisinhas...
— E fez? - Denis indagou, curioso.

— Só falta você me perguntar se foi o número um ou o número dois, né? Sem indiscrição, por favor. Fiz minhas coisinhas e, quando me virei para subir na árvore, ouvi um grito: "MADEIRA!!!" E quando fui cravar minhas garrinhas no tronco da árvore para subir até a copa dela onde eu morava, só cravei minhas unhas no vazio, pois ela tinha sido derrubada.
— Que triste isso!

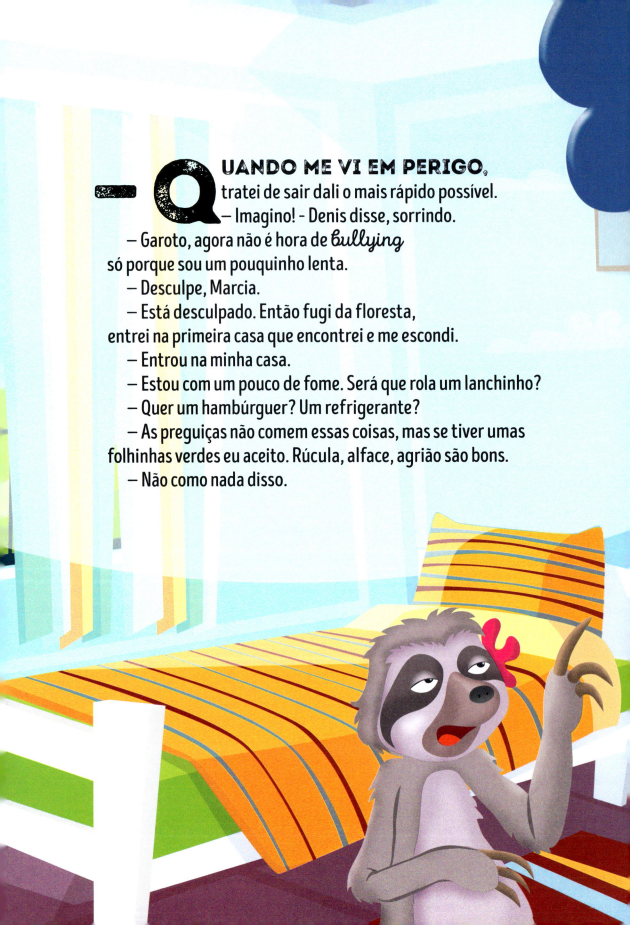

— **Q**UANDO ME VI EM PERIGO, tratei de sair dali o mais rápido possível.
— Imagino! - Denis disse, sorrindo.
— Garoto, agora não é hora de *bullying* só porque sou um pouquinho lenta.
— Desculpe, Marcia.
— Está desculpado. Então fugi da floresta, entrei na primeira casa que encontrei e me escondi.
— Entrou na minha casa.
— Estou com um pouco de fome. Será que rola um lanchinho?
— Quer um hambúrguer? Um refrigerante?
— As preguiças não comem essas coisas, mas se tiver umas folhinhas verdes eu aceito. Rúcula, alface, agrião são bons.
— Não como nada disso.

— **Você não sabe o que está** perdendo. Aproveite e traga umas frutinhas para o meu amigo.

— Amigo, que amigo? Tem mais alguém aqui no quarto?

— Esqueci de lhe apresentar o professor Camaleôncio. Pode sair de baixo da cama, professor, o menino é inofensivo, eu acho.

Denis se surpreende quando, de um salto,
o professor Camaleôncio surge em cima da sua cama.
— Uau! Tem certeza de que ele é inofensivo, Marcia Lenta?
— Certeza, certeza mesmo, eu não tenho,
mas não é dos mais perigosos.

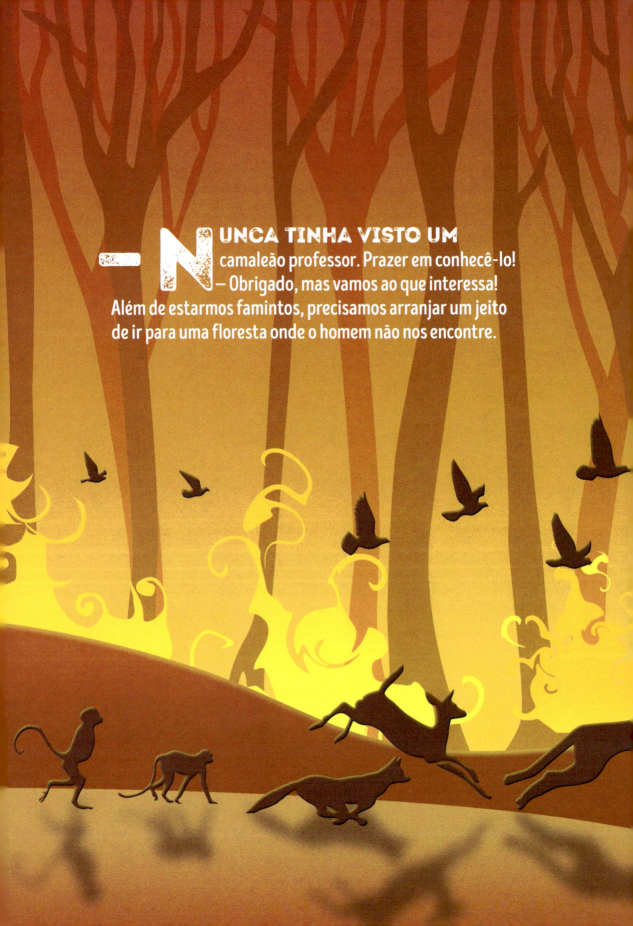

— **N**UNCA TINHA VISTO UM camaleão professor. Prazer em conhecê-lo!
— Obrigado, mas vamos ao que interessa! Além de estarmos famintos, precisamos arranjar um jeito de ir para uma floresta onde o homem não nos encontre.

— O professor Camaleôncio é muito respeitado na floresta porque ajuda os outros animais que vivem lá. Ele é uma espécie de conselheiro da turma toda.
— Pois é, os animais sofrem de um grande estresse nas florestas, cai árvore, vem incêndio e a gente fica de lá para cá e de cá para lá. Ninguém consegue viver em paz.

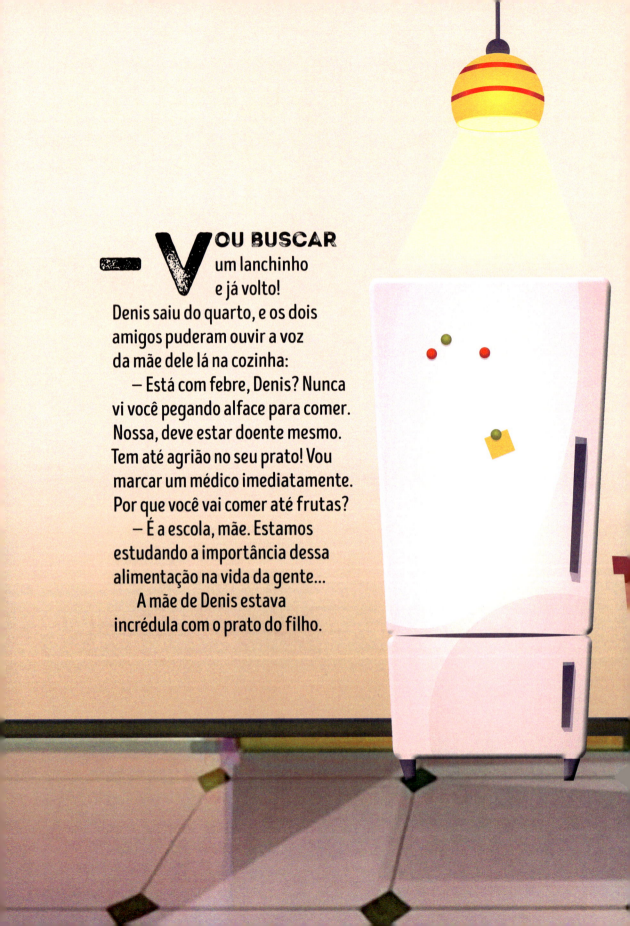

— **Vou buscar** um lanchinho e já volto!
Denis saiu do quarto, e os dois amigos puderam ouvir a voz da mãe dele lá na cozinha:

— Está com febre, Denis? Nunca vi você pegando alface para comer. Nossa, deve estar doente mesmo. Tem até agrião no seu prato! Vou marcar um médico imediatamente. Por que você vai comer até frutas?

— É a escola, mãe. Estamos estudando a importância dessa alimentação na vida da gente...

A mãe de Denis estava incrédula com o prato do filho.

ELE ENTRA NO QUARTO
e tranca a porta:
— Pronto, podem comer!
— Nós morávamos na copa da mesma árvore. E como ela foi derrubada, passamos a fazer parte do MASA: Movimento dos Animais Sem Árvore - explicava o professor Camaleôncio.

— Precisamos fazer alguma coisa para acabar com essa destruição! - Denis afirmou, preocupado.
— Pois é, precisamos acabar com a poluição que existe no coração do homem.
— Poluição no coração do homem, professor? - Denis perguntou, surpreso.
— Isso mesmo, menino! - Marcia Lenta confirmou.

— **O MEIO AMBIENTE ESTÁ** no meio da gente! - Afirmou o professor, com ares de sabedoria. - O que está fora está dentro. O que está dentro está fora.

— Ué! Como assim, professor?
— Menino, você nunca fez exames de sangue?
— Fiz há quinze dias.
— E qual foi o resultado?
— Minha mãe disse que estou com princípio de anemia e que preciso de ferro.
— Quando digo que o que está fora está dentro é porque os nossos corpos são feitos de diversos minerais que se encontram na natureza.
— Uau!

— **Tipo assim — Marcia Lenta** entra na conversa, dizendo –: iodo, zinco, manganês, ferro, sódio e muitos outros minerais são encontrados dentro da gente. O que está dentro está fora.

— Nossa! Entendi agora, professor.

— Então, quando o homem desmata a mata, ele está matando a si mesmo. O homem que polui os rios e os mares está destruindo o planeta, que é a sua casa.

— Eu não bebo água, retiro esse líquido precioso das folhas que como na copa das árvores. Mas as árvores precisam de água, e a poluição está destruindo tudo. Durmo até quatorze horas por dia, mas está difícil ter meu soninho com o barulho das serras elétricas.

— **PUXA VIDA! VOCÊ DORME** quatorze horas por dia?
- Denis perguntou, surpreso.
— Qual o problema? Nós, as preguiças, temos um metabolismo mais lento. Conheço uma espécie de meninos e meninas que dorme quatorze horas também. E se os pais deixarem, dormem mais ainda. He he he.

Denis ficou sem jeito, mas concordou.
— Por que é preciso acabar com a poluição
no coração do homem, professor Camaleôncio?

— O homem tem dióxido de consumo no coração.
Não consegue viver com sustentabilidade.
Da boca do homem saem sentimentos
poluídos, carregados de
carbono da maldade.
— Sustenta o quê,
professor?

— O HOMEM não vive com o necessário, ele quer mais do que precisa. Viver com sustentabilidade é viver com equilíbrio dentro do que a natureza oferece, sem comprometer o futuro.

Nessa hora, envergonhado, Denis olhou para o celular velho que estava sob a cômoda. O aparelho ainda estava em boas condições, e o menino lembrou que havia exigido da mãe o celular novo.

O professor continuou:

— O homem se relaciona com a natureza expressando o que ele tem dentro do coração. Os que têm apenas desejo de dinheiro e de poder um dia verão que dinheiro não se come e que os animais precisam ser protegidos. Essa é a poluição que precisa ser combatida. Quando isso acontecer, a agressão ao meio ambiente acaba, porque o meio ambiente começa no meio da gente.

— Esse é o meu professor!
- Marcia Lenta falou, orgulhosa.

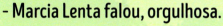

— **PRECISAMOS DESPOLUIR** o homem por dentro, para que ele possa despoluir por fora. Quem tem sentimentos poluídos não ama a sua própria casa - concluiu o professor Camaleôncio.

— Coma umas frutinhas, professor! - Denis sugeriu.

— Não coma mais do que precisa para se alimentar.

Denis se lembrou dos enormes pedaços de *pizza* que ele comia até não poder mais. Recordou o monte de batatas fritas cheias de *ketchup*.

Marcia Lenta e o professor Camaleôncio terminaram de comer e pediram para Denis levá-los de volta para a floresta mais próxima.

— Não querem ficar namorando comigo?
— Temos que morar em nossas casas, que são as copas das árvores. Se puder nos levar, ficaremos felizes. Cada qual na sua casa, é assim que a natureza funciona. A Terra está gritando, pedindo socorro. Respeitar a natureza é atender o chamado do planeta.

— Está certo, professor. Vou colocar vocês numa caixa de papelão e levá-los na minha *bike* até perto do parque florestal.
— Obrigado, menino! - Marcia Lenta agradeceu, emocionada.

DENIS SE APROXIMOU da preguiça e a abraçou. Marcia Lenta demorou para soltar o menino daquele abraço carinhoso.
— Obrigado, professor, por me ensinar que o que está dentro está fora, e o que está fora está dentro. Virei seu fã!
O camaleão ficou bem vermelhinho, envergonhado com as palavras daquele menino.
Denis foi até a dispensa da casa e pegou uma caixa de papelão, onde colocou cuidadosamente seus amigos.

EM MINUTOS, O MENINO ESTAVA pedalando em direção ao parque florestal. Assim que chegou, pegou a caixa com todo cuidado e, aproximando-a de uma grande árvore, retirou seus amigos.

Marcia Lenta sorriu e fixou seus três dedos no tronco da árvore, iniciando a subida.

O professor Camaleôncio, assim que foi solto, subiu com agilidade pelo tronco e, num gesto de gratidão e despedida para Denis, mudou suas cores com muita emoção.

O MENINO FICOU COMOVIDO, mas triste, porque sabia que os animais são verdadeiros amigos.

Ele voltou para casa e sabia que ninguém iria acreditar naquela história. Foi quando se lembrou da *selfie* que havia tirado com Marcia Lenta.

Então o menino correu, e lá estavam os dois, e Marcia Lenta sorria fazendo pose.

FIM

DADOS INTERNACIONAIS DE CATALOGAÇÃO NA PUBLICAÇÃO (CIP BRASIL)

S168G

SALLES, ADEILSON [°1959]
  O GRITO DA TERRA
  ADEILSON SALLES, ANDRÉ TRIGUEIRO, RUI JOAZEIRO [ILUSTR.]
  CATANDUVA, SP: INFINDA, 2023

  48 PP. ; 18 X 24,5 X 0,5 CM ; IL.

  ISBN 978 85 92968 18 2

1. ECOLOGIA   2. NATUREZA   3. AMEAÇAS AO MEIO AMBIENTE
4. RECURSOS NATURAIS   5. SUSTENTABILIDADE
I. TRIGUEIRO, ANDRÉ [°1966]   II. JOAZEIRO, RUI [ILUSTR.]   III. TÍTULO

CDD 577.5   CDU 504

ÍNDICE PARA CATÁLOGO SISTEMÁTICO
1. Ecologia : Natureza : Ameaças ao meio ambiente   577.5
2. Ameaças ao ambiente : Recursos naturais   504

EDIÇÃO
1.ª edição • 1.ª tiragem • agosto de 2023 • 7 mil exs.

© 2023 by **INFINDA**

DIRETOR GERAL   **DIRETOR EDITORIAL**
Ricardo Pinfildi   Ary Dourado

CONSELHO EDITORIAL
Ary Dourado, Ricardo Pinfildi, Rubens Silvestre

DIREITOS DE EDIÇÃO
Editora Infinda (Instituto Candeia)
CNPJ 10 828 825/0001-52   IE 260 180 920 116
Rua Minas Gerais, 1.520 (fundos) Vila Rodrigues 15 801-280 Catanduva SP
17 3524 9800   www.infinda.com

Impresso no Brasil   Printed in Brazil   Presita en Brazila

COLOFÃO

TÍTULO
O grito da Terra

AUTORIA
Adeilson Salles, André Trigueiro, Rui Joazeiro [ilustr.]

EDIÇÃO
1.ª edição

EDITORA
Infinda [Catanduva SP]

ISBN
978 85 92968 18 2

PÁGINAS
48

TAMANHO MIOLO
17,8 x 24,5 cm

TAMANHO CAPA
18 x 24,5 x 0,5 cm [orelhas 9 cm]

CAPA
Ary Dourado

REVISÃO
Alexandre Caroli

**PROJETO GRÁFICO
& DIAGRAMAÇÃO**
Ary Dourado

TIPOGRAFIA CAPA
[Fontfabric] Intro Rust G Base
[Fontfabric] Intro Rust Shade
[Fontfabric] Intro Script B Base

TIPOGRAFIA TEXTO PRINCIPAL
[Fontfabric] Intro Head B Base 16/18
[Fontfabric] Intro Rust G Base 16/18
[Fontfabric] Intro Script B Base 18/18

TIPOGRAFIA FÓLIO
[Fontfabric] Intro Rust G Base 15/18

TIPOGRAFIA DADOS
[Fontfabric] Intro Head B Base 9/10
[Fontfabric] Intro Rust Base 8/10

TIPOGRAFIA COLOFÃO
[Fontfabric] Intro Head B Base 9/10
[Fontfabric] Intro Rust Base 8/10

MANCHA
118,7 x 192,8 mm, 30 linhas
[sem fólio]

MARGENS
29,7 : 27,2 : 29,7 : 27,2 mm
[interna : superior : externa : inferior]

COMPOSIÇÃO
Adobe InDesign 18.4 x64 [Windows 10]

PAPEL MIOLO
cuchê Suzano Design Matte 150 g/m²

PAPEL CAPA
cartão Eagle Plus High Bulk GC1 250 g/m²

CORES MIOLO
4 x 4 cores CMYK

CORES CAPA
4 x 4 cores CMYK

TINTA MIOLO
Toyo

TINTA CAPA
Toyo UV

PRÉ-IMPRESSÃO CTP
Platesetter Kodak Trendsetter 800 III

PROVAS MIOLO
RICOH Pro C5100s

PROVAS CAPA
Canon IPF 6400

IMPRESSÃO
processo ofsete

IMPRESSÃO MIOLO
Heidelberg Speedmaster SM 102-8

IMPRESSÃO CAPA
Komori Lithrone S29

ACABAMENTO MIOLO
cadernos de 16 pp.,
costurados e colados

ACABAMENTO CAPA
brochura com orelhas,
laminação BOPP fosco,
verniz UV brilho com reserva

PRÉ-IMPRESSOR E IMPRESSOR
Lis Gráfica e Editora [Guarulhos, SP]

TIRAGEM
7 mil exemplares

PRODUÇÃO
agosto de 2023

Ótimos livros podem mudar o mundo. Livros impressos
em papel certificado FSC® de fato o mudam.

PARTE DA RENDA DESTE LIVRO É DOADA
PARA O C.E.N.L. CASAS ANDRÉ LUIZ
WWW.CASASANDRELUIZ.ORG.BR

 infinda.com

 infinda

 infindaeditora